Die

Reichsjustizgesetze

in Thüringen,

insbesondere in den Fürstenthümern

Reuss und Schwarzburg.

BERLIN.

Verlag von I. Guttentag (D. Collin).

1877.

„Die Einsetzung der Gerichte, die Begrenzung der Bezirke, die Anstellung der Richer, die Dotirung derselben, die Beaufsichtigung der Geschäftsordnung bei den Gerichten sind nach der Verfassung des Deutschen Reichs den Einzelnstaaten verblieben ..... Diese von den Regierungen inne gehaltene Grenze hat auch die Kommission grundsätzlich beachtet, wenn sie auch in einzelnen Beziehungen aus diesem Grundsatze andere Folgerungen gezogen hat."

So lautet wörtlich der Kommissionsbericht zum Gerichtsverfassungsgesetze. Und in der That, wenn man die neuen Gesetze auf diesen Grundsatz prüft, so muss man bekennen, dass derselbe eine fast peinliche Durchführung gefunden hat. Indessen ist es nicht Zweck dieser Zeilen, das Für und Wider jener Maxime zu prüfen; es soll nur erörtert werden, welche Konsequenzen dieselbe für die Kleinstaaten, speciell für die in der Ueberschrift genannten Fürstenthümer haben muss und welchen Weg sie einzuschlagen haben werden, um bei der Ausführung der Reichsgesetze in erster Reihe **diesen selbst** und dann den **Landesinteressen** gerecht zu werden.

Den Angelpunkt für die neue Organisation bilden offenbar die Landgerichte und diesen werden die Regierungen der Kleinstaaten ihr nächstes und ernstestes Augenmerk zuzuwenden haben. Prüfen wir, welche maassgebende Grundsätze die Entstehungsgeschichte der Gesetze für die Bildung dieser Gerichte zu Tage treten lässt. Wir finden dieselben wohl am Klarsten ausgesprochen in dem Kommissionsbericht, in welchem es heisst:

„Es komme für die einer kollegialen Entscheidung bedürfende Sache darauf an, mit einer grösseren Anzahl von Richtern besetzte Gerichte zu etabliren, welche eben dadurch dieselben vor Verknöcherung sichern, den Mitgliedern die erforderliche geistige Bewegung und Anregung gewähren, die wissenschaftliche Bildung fördern und die einem grösseren Gerichtshofe naturgemäss zufallende Autorität besitzen."

„Man habe den Versuch gemacht, durch Fixirung der Einwohnerzahl der Bezirke oder der geringsten Anzahl der Richter bei den Landgerichten gesetzliche Garantieen zu gewinnen. „„Historische"" und „„lokale"" Verhältnisse hätten dies verhindert. Man habe nur klargestellt,

dass die deutschen Regierungen im **Allgemeinen** auf dem Standpunkte der Kommission ständen."

„Preussen, Baiern, Sachsen und Württemberg hätten als Regel die Bildung von Landgerichtsbezirken von 250,000 bis 300,000 Einwohnern acceptirt.

„Ueber die Absichten der kleineren Staaten, insbesondere der Thüringischen sei nur soviel mitgetheilt worden, dass unter ihnen Verhandlungen über die Einführung gemeinsamer höherer Gerichte schwebten."

Ja, wie soll denn auch einer von den 8 kleinen Thüringischen Staaten ein Landgericht von 250,000 bis 300,000 Seelen oder vielmehr diese Seelen für das Landgericht beschaffen? Dem grössten derselben, Weimar, würde dies kaum möglich sein und auf welchen Flächengehalt würde sich diese Seelenzahl vertheilen? Man ziehe ein Dreieck von Allstedt in der Nähe von Sangerhausen nach Ostheim an der Rhön in Baiern, von da nach Weida an der Grenze des Königreichs Sachsen und endlich wieder nach Allstedt. Innerhalb dieses Dreiecks wird man finden:

1. fast die halbe Preuss. Provinz Sachsen,
2. fast die ganzen übrigen 7 Thüringischen Kleinstaaten,
3. auch noch ein Stückchen Baiern.

Der Flächengehalt würde mit etwa 250 Q.-Meilen, die Gesammtbevölkerung mit $1\frac{1}{2}$ Millionen nicht zu hoch zu veranschlagen sein; von dem Flächengehalte gehören aber nur etwa 66 Q.-Meilen, von den Einwohnern nicht ganz 300,000 Weimar an. Es wird also auch Weimar nicht möglich sein, ein Landgericht von der normalen Grösse für sich allein zu Stande zu bringen.

Sachsen-Meiningen hat überhaupt nur gegen 200,000 Einwohner, die sich auf einen schmalen, aber sehr langen Halbkreis von Kurhessen westlich bis in die Provinz Sachsen östlich um den südlichen Theil des Thüringer Waldes herum vertheilen.

Koburg-Gotha sieht sich in die Länge gestreckt von oberhalb Mühlhausen in Thüringen bis nahe an Lichtenfels in Baiern, überall durchbrochen durch Preussisches Gebiet. Die Einwohnerzahl erreicht ebenfalls nicht einmal 200,000.

Altenburg mit etwa 150,000 Einwohnern dehnt sich von der Königl. Sächsischen Grenze bis nach Rudolstadt.

Reuss ältere Linie mit etwa 5 Q.-Meilen und etwa 45,000 Einwohnern, sowie

Reuss jüngere Linie mit etwa 15 Q.-Meilen und 90,000 Einwohnern zerstreuen sich von der Provinz Sachsen durch andere Thüringische Länderchen hindurch bis nach Baiern.

Verhältnissmässig am Weitesten aus einandergerissen sind die beiden Schwarzburgischen Fürstenthümer.

Rudolstadt mit 17 bis 18 Q.-Meilen und etwa 76,000 Einwohnern, wie Sondershausen mit 15 bis 16 Q.-Meilen und etwa 68,000 Einwohnern, liegen mit ihren s. g. Unterherrschaften am Fusse des Harzes, während ihre Oberherrschaften an der südlichen Abdachung des Thüringer Waldes fast Baiern berühren. Die Unterherrschaften sind vollständig Preussische Enklaven.

Man sieht, dass keiner der Thüringischen Kleinstaaten im Stande sein wird, für sich allein ein Landgericht von der normalen Grösse zu schaffen. Die dira necessitas stellt daher den Einzelnregierungen die Alternative:

> „Entweder Anschluss an andere Staaten“ oder „Ausnahmegerichte d. h. Gerichtssprengel bis zu 70,000 Seelen und noch tiefer herunter.“

Die Reichsgesetze schliessen ja nun weder die Bildung gemeinschaftlicher, noch die von kleinen Gerichten aus;

allein dass Beide, namentlich aber die Letzteren der Regel und den von dieser Regel gehofften Wirkungen nicht entsprechen und nicht entsprechen können, liegt auf der Hand. Deshalb könnte man also beide Gestaltungen als Ausnahmen bezeichnen; wir wollen jedoch nur die kleinen Gerichte als solche annehmen.

Nun fühlt man wohl, dass man mit solchen in eine schiefe Stellung zu den Reichsgesetzen kommen muss. Betrachten diese die Besetzung der Landgerichte mit einer grösseren Anzahl von Richtern als **Bedingung** des Schutzes gegen Verknöcherung, als Bedingung geistiger Anregung und wissenschaftlicher Förderung, ja als Bedingung der Autorität, so liegt der Schluss auf der Hand, dass man diese Ziele durch kleine Gerichte nicht für erreichbar erachtet hat. — Die Thüringischen Regierungen verhandeln daher auch bereits unter einander über Konstituirung gemeinschaftlicher Landgerichte. Da aber jede mindestens ein solches für sich wünscht, so haben diese Verhandlungen vorläufig wenig Aussicht auf Erfolg und schon neigt man vorwiegend der Idee kleinerer d. h. Ausnahmegerichten zu.

Nun, da Bundesrath und Reichstag so sorgfältige Rücksichten auf Wahrung der Landeshoheiten genommen und derartige Ausnahmebildungen ausdrücklich zugelassen haben, sind wir nicht berechtigt, daran zu mäkeln. Wir wollen auch das Recht zur Schaffung solcher Ausnahmegerichte keineswegs bezweifeln und anfechten; im Gegentheil, man mache die Probe, ob man dieselben lebensfähig einrichten und erhalten kann. Nur die Warnung wollen wir aussprechen und zu begründen versuchen:

> „dass man sich nicht auf soweit hinaus die Hände binde, wie dies bereits bei dem Vertrage über gemeinschaftliche Strafanstalten geschehen ist, keinesfalls auf weiter hinaus, als höchstens bis zu dem Zeitpunkte, wo die Publikation eines Deutschen bürgerlichen Gesetzbuchs zu erhoffen ist.

Ueber Eins namentlich werde man sich klar und täusche sich nicht:

Landgerichte ohne Zusammenhang mit und Abhängigkeit von den Oberlandesgerichten sind nicht denkbar und deshalb präjudizirt der Entschluss über die Bildung des Oberlandesgerichtes mit eiserner Nothwendigkeit auch dem über Bildung der Landgerichte.

In Folge dessen wird auch gegenwärtige Erörterung diesen Zusammenhang stets im Auge behalten und die Betrachtungen über Bildung des Obergerichts an die Spitze stellen.

Dass von den Thüringischen Kleinstaaten kein Einziger ein solches für sich beschaffen kann, ist unbestritten, die Nothwendigkeit des Anschlusses an andere Staaten eine längst anerkannte Thatsache. Der kitzlichste Punkt dabei war und ist die Wahrung der Justizhoheit eines jeden einzelnen Staates. Wir wollen demselben ganz loyal und rücksichtsvoll näher treten und uns fragen:

Welchen Verlust drohen denn nach dieser Richtung hin die Reichsgesetze?

Das Quantum bemisst sich natürlich nach dem bisherigen Besitzstande und es wird sich ausweisen, dass derselbe für die Reussischen und Schwarzburgischen Fürstenthümer ein sehr mässiger gewesen und noch ist.

Die Fürstenthümer sind seit 1850 mit den übrigen Thüringischen Staaten zu dem Oberappellationsgerichte in Jena vereinigt. Zur Besetzung desselben haben speciell beide Schwarzburg das Recht alternirend

„ein stimmführendes Mitglied, welches den letzten Platz auf der Seite der nichtakademischen Mitglieder einzunehmen hat, vorzuschlagen, bei vorhandenem Bedürfniss auch einen Hülfsarbeiter mit Sitz und Stimme.“

Das letztere Bedürfniss ist unseres Wissens nie eingetreten.

„An der Inspection des obersten Gerichtshofs nehmen die Schwarzb. Fürstenthümer **gar nicht** Theil und hätten nach ausdrücklicher Konvention bis 1888 keinen Anspruch auf Theilnahme erheben können. Reuss dagegen hätte wenigstens in den Jahren 1880 und 1888 die Inspection auszuüben gehabt.“

Wir fragen: Welches Quantum von Justizhoheit findet denn in diesen Bestimmungen Ausdruck? Doch gewiss ein derartiges Minimum, dass von einem positiven Bestande gar keine Rede sein kann.

Nun, die oberste Instanz macht uns überhaupt keinen Kummer; auf ein oberstes Gericht haben alle Thüringischen Kleinstaaten je nach ihrer Grösse mit mehr oder weniger Schmerz verzichten müssen und deshalb das Reichsgericht acceptirt. Von dorther droht keine Gefahr.

Prüfen wir den Hoheitsbestand am Appellationsgerichte, welches bisher für Weimar, Gotha und die Fürstenthümer gemeinschaftlich bestand!

Da hat nun jedes der Fürstenthümer zunächst das Recht, eine Rathsstelle, hin und wieder — der Turnus ist etwas langathmig — eine Sekretair- oder Kanzleistelle zu besetzen. Die Besetzung der Präsidentenstellen erfolgt im Mangel der Verständigung durch Abstimmung sämmtlicher betheiligter Regierungen, bei welcher Reuss j. L. und den Schwarzburgischen Fürstenthümern

je 2 von 17 Stimmen, Reuss ä. L. 1 Stimme zusteht.

Das Aufsichtsrecht wird gemeinschaftlich, die Abstimmung in Inspectionssachen

nach dem eben erwähnten Stimmenverhältniss geübt.

Die laufenden Inspectionsgeschäfte führt Weimar.

Es wäre gewiss sehr interessant, statistisch festzustellen, welchen Antheil an der Inspection die Fürstenthümer in der Wirklichkeit ausgeübt haben. Obwohl wir den Bestand der Gerichtsgemeinschaft von seinem Beginn an mit durchlebt haben, ist uns kein Akt erheblicher Art bekannt.

Fassen wir den Umfang der Justizhoheit in Bezug auf das Appellationsgericht kurz zusammen, so ergiebt sich:

1. Recht zur Besetzung einer Rathsstelle und
2. $^2/_{17}$ resp. $^1/_{17}$ Antheil an der Inspection.

Nun wollen wir ja recht gern zugeben, dass in dem Inspectionsrechte die Justizhoheit ihre wesentlichste Wirkung äussert. Da die Fürstenthümer aber nur $^2/_{17}$ oder gar $^1/_{17}$ davon auszuüben haben, kann man doch nicht von einem Ganzen reden. Der ideelle Antheil lässt sich juristisch schwer konstruiren; dem Auge des Laien hat er sich bisher fast ins Unsichtbare verloren. Sein gänzlicher Verlust würde daher bei Lichte betrachtet kein nennenswerther Verlust sein.

Ueberdies haben neuere Verhandlungen über Kreirung eines allen 8 Thüringischen Kleinstaaten gemeinschaftlichen Oberlandesgerichtes stattgefunden. Was von dem Ergebnisse verlautet, droht für die Fürstenthümer den Bruch stark zu vergrössern, den Antheil zu verringern.

Man scheint in Bezug auf alle Angelegenheiten des Thüringischen Oberlandesgerichtes in spe eine Verfassung ad modum der Deutschen Reichsverfassung im Sinne zu haben, in welcher Weimar Preussens, Gotha Baierns Stelle etc. einzunehmen haben würden. Vorläufig würde dies einen besonderen Staatenbund repräsentiren mit einzelnen geheimen Wünschen auf Umgestaltung in einen Thüringischen Gesammt- resp. Centralstaat; eine neue politische Formation im einigen Deutschen Reiche!

Es ist nicht unser Zweck diese Organisation vom staatsmännischen Standpunkte aus zu prüfen und zu kritisiren; wir können uns aber einer gewissen Beklemmung nicht erwehren, wenn wir uns den komplicirten Bau vergegenwärtigen. Man stelle sich nur vor, dass bei allen wichtigen Angelegenheiten nicht weniger als 8 Regierungen sich zu verständigen, nicht weniger als 8 Speciallandtage zuzustimmen haben werden!

War es denn Zweck der Reichsjustizgesetze, solche Gebilde zu Tage zu fördern?

Es muss unser aufrichtiger Wunsch sein, dass sich die Fürstenthümer wenigstens nicht auf eine Zeit hinaus diesem Baue anschliessen möchten, die jenseits der Emanation des bürgerlichen Gesetzbuchs liegt. Der Hoheitsverlust am Oberlandesgerichte ist wahrhaftig nichts als ein Phantom.

Merkbarer würde derselbe hervortreten bei Beschaffung gemeinschaftlicher Landgerichte und Amtsgerichte. Rudolstadt hat bisher ein Kreisgericht, Sondershausen sogar deren zwei gehabt. Ersteres hat sein Gericht für sich allein, Sondershausen seine beiden auch schon in Gemeinschaft mit Weimar und Rudolstadt gehabt; es ist ihm zwar die Inspection eingeräumt gewesen, allein ganz ungetrübt hat es dieselbe doch nicht, namentlich aber nicht absolut selbstständig ausüben können. Hat es gewissermassen auch die Vormacht (?) gebildet, so ist es doch bei allen Schritten von einiger Bedeutung an die Zustimmung seiner Verbündeten gebunden gewesen. Rudolstadt hat seine Unterherrschaft dem Kreisgerichte Sondershausen unterstellt, somit auch seinerseits seine Justizhoheit bereits beschränkt gehabt. Eine Beschränkung der Letzteren hat also in Bezug auf die Kreisgerichte bereits existirt.

Gut! Wir wollen dem neuen Streben nach Beseitigung dieses Zustandes, nach Vermeidung weiteren Verlustes an der Justizhoheit nicht entgegen sein; wir wollen — obwohl uns dies schwer wird — dafür eintreten, dass die Fürstenthümer je ein Landgericht und die erforderliche Anzahl an Amtsgerichten für sich organisiren sollen. Folgt denn aber daraus die Nothwendigkeit, sich dem Kunstbau eines gemeinschaftlichen Thüringischen **Ober**landesgerichts anzuschliessen? Doch wohl erst dann, wenn der Anschluss an ein einfacheres Obergericht nicht möglich ist.

Für die Reuss. Fürstenthümer und Rudolstadt ist die Frage, wie in der Presse verlautet, bereits eine müssige geworden, sie sollen dem Thüringischen Oberlandesgerichte definitiv beigetreten sein. Nur Sondershausen hat sich noch nicht entschieden, wird sich aber auch in kürzester Frist schlüssig machen müssen.

Gerade dieses Ländchen ist in der schwierigsten Lage; in 3 Parzellen weit auseinandergerissen, bildet die Eine, die grösste, eine vollständige Preussische Enklave; die anderen Beiden grenzen theils unmittelbar an Preussen, theils sind sie nur durch schmale Strecken von demselben geschieden. Meiningen, Weimar, Gotha und Rudolstadt sind seine anderen Nachbarn; zwischen diesen einerseits und **Preussen** andererseits hat es zu wählen, wenn es sich durch eine Gerichtsgemeinschaft eines Theiles seiner Justizhoheit begeben muss.

Sollte man da meinen, dass die Wahl schwer sei? Und

doch schwankt man, obendrein nach der ganz unverhofften Seite hin.

Man vergisst, dass man für die oberen Instanzen auf die Justizhoheit bereits fast gänzlich verzichtet hat; man vergisst, dass die Einbusse nicht jetzt erst eintreten wird, dass sie schon seit Jahrzehnten eingetreten ist. Man lässt sich durch die geschwollene Phrase vom „Inspectionsantheil" einlullen in die Täuschung, dass man sich an Justizhoheit noch nichts vergeben habe. — Das ist Täuschung, Täuschung durch sich selbst und Täuschung von aussen.

Wir wiederholen und die Köpfe mögen sich darüber klar werden:

> Sondershausen steht wie keiner der übrigen Thüringischen Kleinstaaten vor der Alternative:
>
> > Entweder Anschluss an Preussen **oder** an Weimar, Gotha oder Rudolstadt.
>
> Der Hoheitsverlust ist unter allen Umständen der gleiche und in dem einen, wie in dem anderen Falle unvermeidlich.

Schwer fällt dabei ins Gewicht die Frage, ob Sondershausen, wenn es auch jetzt ein selbstständiges Landgericht und Amtsgerichte organisiren sollte, im Stande sein wird, dieselben auf die Dauer zu halten. Das ist mindestens zweifelhaft. Nun nehme man aber den Fall, dass der Augenblick kommt, in welchem die Unmöglichkeit eintritt. Bleibt dann noch die Wahl, wohin sich wenden? Glaubt man eine Gerichtsgemeinschaft in den unteren Instanzen mit anderen Regierungen abschliessen zu können, als mit denen man sich zu einer Gemeinschaft in den oberen Instanzen bereits vereinigt hat? Deshalb ist es ja so dringend nothwendig, **schon jetzt**, wo es sich scheinbar nur um den Anschluss an das Oberlandesgericht in Jena handelt, sich der Konsequenzen klar zu werden! Der Schluss gestaltet sich unerbittlich dahin:

> „Schliesst man sich jetzt dem Oberlandesgerichte der Thüringischen Staaten vorbehaltlos oder auch nur auf eine längere Zeitdauer an, so bleibt Sondershausen im Falle des Unvermögens, ein Land-

gericht auf die Dauer zu erhalten, absolut nichts Anderes übrig, als auch in den unteren Instanzen seine Justizhoheit zum besten Theile an einen oder gar mehrere andere Thüringische Kleinstaaten abzutreten. Dann würde es zu spät sein, den Anschluss an den mächtigen Nachbarstaat **Preussen** zu suchen."

Möge man das wohl bedenken, ehe man sich die Hände auf eine Zeit hinaus bindet, wie man dies bereits bei dem Vertrage über gemeinschaftliche Strafanstalten bis zum Jahre 1925 resp. 1928 gethan hat. Der Kern der Frage ist durchaus nicht etwa: „ob Hoheitsverlust überhaupt" — dies ist bereits bejaht — sondern: Hoheitsverlust an Wen?

Die Entschliessung über die obere Instanz präjudizirt unerbittlich der über die unteren.

Man könnte uns einwerfen, dass Preussen gar nicht geneigt sei, den Anschluss an die Berufungsinstanz allein zu gestatten.

Unseres Wissens ist dieser Einwand wenigstens zur Zeit noch ohne Grund; Preussen soll vielmehr bald nach Durchberathung der Justizgesetze im Reichstage in loyalster Form seine Bereitschaft zur Beihülfe den Kleinstaaten ausgesprochen haben. Wir bezweifeln aber stark, dass diese bisher auch nur einen Versuch gemacht haben, sich über die Modalitäten dieser Beihülfe zu informiren. Dass Preussen unbedingten und gänzlichen Verzicht auf die Justizhoheit gefordert, dass es die Beibehaltung eigener Landgerichte den Kleinstaaten geradezu verweigert habe, wie z. B. bei der letzten Ministerkrisis gerade in Sondershausen behauptet wurde, ist — das können wir aus bester Quelle versichern — einfach nicht wahr. Es haben vielmehr bisher nicht einmal die allgemeinsten Vorbesprechungen stattgefunden.

Dass man sich Preussischerseits zu künstlichen Inspectionsantheilchen verstehen würde, müssen wir freilich selbst bezweifeln. Daran ist aber auch, wie wir oben gezeigt, in Wirklichkeit nichts mehr zu verlieren und damit der Sache wahrhaftig nicht geschadet. Ob Preussen den kleinen Fürstenthümern ein Stellenbesetzungsrecht an seinem Oberlandesgerichte einräumen würde, wäre abzuwarten, im Verneinungsfalle nicht einmal zu beklagen. Die kleinen Staaten werden Müh' und Noth haben, nur für ihre Landgerichte und Amtsgerichte das nöthige Personal zusammen zu bringen! Wir möchten fast eine Forderung Preussens, mindestens eine tüchtige Kraft zum Oberlandesgericht zu liefern, für die Kleinstaaten für weit bedenklicher erachten.

Gesprochen hat allerdings Preussen noch nicht. Wir können uns aber nicht vorstellen, dass sich dasselbe ablehnend gegen einen Anschluss, wenn auch vorläufig nur in der oberen Instanz, verhalten sollte. Die Konsequenzen liegen zu klar auf der Hand. Eine kleine Konzession jetzt kann die Grundbedingung für wesentliche Vortheile in der Zukunft bilden. Preussen darf nicht ausser Augen verlieren, dass gerade die Sondershäuser Landparzellen eine zweckmässige Arrondirung seiner eigenen Kreise in der Provinz Sachsen verhindern und dass die Oberherrschaft die Verbindung des Erfurter Kreises mit dem Kreise Ziegenrück vermittelt.

Die Sondershausensche Regierung aber wird dem nächsten Landtage jedenfalls darüber Rede zu stehen haben, ob man sich über die Bedingungen eines Anschlusses an Preussen informirt hat und welches diese Bedingungen sind. Muss man sich einmal, wie dies in der oberen Instanz unvermeidlich, an den einen oder anderen Nachbar anschliessen, so wird das Land mit vollem Recht Auskunft darüber zu verlangen haben, welche Bedingungen die mehreren Nachbarn und insbesondere der Nachbar bietet, von welchem allein sichere Garantieen für die Zukunft zu erwarten sind. Das ist aber **Preussen!**

Soviel vom Standpunkte des Hoheitsrechts, der Souveränität! Wenden wir uns zu den „historischen" Verhältnissen Thüringens, welche der Kommission und den Regierungen hindernd entgegen getreten sind.

Diese können nur darin zu finden sein, dass eben die 8 Thüringischen Kleinstaaten schon seit Jahrhunderten als mehr oder weniger souveräne Staaten bestanden haben, als solche anerkannt worden sind. Dass ein so langer Bestand auch ein Recht auf Bestand und Fortbestand erzeugt, bestreiten wir auch nicht und finden es ganz korrekt, dass die Reichsgesetzgebung dasselbe respectirt hat. Diesem Rechte entspricht aber eine Pflicht, die Pflicht, denjenigen Ansprüchen zu genügen, welche vom Reiche innerhalb seiner Kompetenz an den Einzelstaat gestellt werden. Geräth ein Staat in die Lage, diesen Ansprüchen nicht mehr genügen zu können, so muss er sich natürlich eine Modification seines Rechtes gefallen lassen. Stellt mithin die Reichsgesetzgebung für die Justiz Forderungen fest, welchen ein Kleinstaat nicht entsprechen kann, so kann er sich von denselben doch nicht durch Berufung auf sein historisches Recht befreien.

Nun das hat man auch noch nicht versucht; es wird ja anerkannt, dass die Kleinstaaten jeder für sich der Forderung grosser Gerichte nicht entsprechen können und man ist sich bewusst, dass man etwas von dem historischen Rechte wird opfern müssen. Bietet denn nun die Geschichte Thüringens irgend einen Halt für die Nothwendigkeit, dass die kleinen Staaten sich gerade an einander anschliessen müssen, dass ihnen oder dem Einen oder Anderen von ihnen der Anschluss an einen anderen, grösseren Staat, an Preussen nicht gestattet sei? Wir glauben nicht. Bis in die weiteste Vorzeit reicht die Zersplitterung zurück und es ist uns keine einzige Epoche bekannt, in welcher die jetzt auf 8 reduzirten Kleinstaaten als Ganzes in der Geschichte hervorgetreten wären. Auch die Zeit, wo Landgrafen die Thüringischen Lande in ein Ganzes zu verschmelzen bestrebt waren, bietet ein wenig erbauliches Bild von Geschlossenheit, und jenes Bestreben ist, wie die Karte zeigt, ein erfolgloses gewesen und geblieben. Von aussen ist nie eine Anerkennung eines selbstständigen Staates Thüringen erfolgt; Thüringen ist mehr ein landschaftlicher, als politischer Begriff. Von einem Thüringischen Nationalbewusstsein ist dem Schreiber dieser Zeilen, einem eingefleischten Thüringer, keine einzige Aeusserung bekannt; jeder Thüringer bezeichnet seine Nationalität nach dem Kleinstaate, dem er speciell angehört und ist häufig, namentlich im Auslande gezwungen gewesen, diese Nationalität in Prussien, Saxon — je nach seiner politischen Vorliebe — zu verallgemeinern, um dem Auslande einen ohngefähren Begriff vom Lande seiner Abkunft zu ermöglichen. — Und, so fragt man unwillkührlich, besteht denn nun eigentlich Thüringen lediglich aus den 8 Kleinstaaten? Warum wird Preussen nicht erwähnt, das ja mit seiner Provinz Sachsen bis in das Herz von Thüringen hineinreicht, die alte Hauptstadt von Thüringen — Erfurt — sein eigen nennt? Wenn man von einer Thüringer Nationalität sprechen will, kann man sie den Bewohnern der Erfurter, Langensalzaer nnd anderer Preuss. Kreise absprechen, weil sie Preussen angehören?

Auch aus dem 27jährigen Bestande einer Gerichtsgemeinschaft unter einzelnen Thüringischen Staaten vermögen wir keine Verpflichtung zum Fortbestande zu entnehmen. Diese Gemeinschaft beschränkte sich anfänglich und zwar 13 Jahre hindurch auf Weimar und die beiden Schwarzburg, denen dann Reuss beitrat. Gotha hat sich erst 1868 angeschlossen und Meiningen und Altenburg sind der Gemeinschaft überhaupt gänzlich fern geblieben. Wie soll man daraus, namentlich wenn man hinzunimmt, dass die Gemeinschaft durchaus nicht immer ungetrübt verlaufen ist, eine historische Verpflichtung zur Fortdauer konstruiren?

Wir sehen, dass weder hoheitsrechtliche, noch historische Rücksichten den Anschluss der Fürstenthümer an eine Thüringische Gerichtsgemeinschaft erheischen, den Anschluss an Preussen verbieten. Es ist an der Zeit, einen etwas prosaischeren Standpunkt einzunehmen und nach den — materiellen Interessen zu fragen.

Die Finanzen mögen den Fürstenthümern — für Sondershausen steht dies fest — die Einrichtung selbstständiger Landgerichte gestatten. Mit Geld allein lässt sich aber der Zweck nicht erreichen, es ist vor Allem richterliches Personal erforderlich und an solchem leider kein Ueberfluss vorhanden.

In einzelnen Thüringischen Staaten beabsichtigt man durch Vereinigung der bisher bestandenen Einzelgerichte Personal disponibel zu machen. Diese Maassregel wird in den Schwarzburgischen Fürstenthümern auf Widerspruch stossen, da in diesem Punkte bisher durchaus kein Luxus getrieben worden ist und die lokalen Verhältnisse den Fortbestand der bisherigen Justizämter als Amtsgerichte dringend erheischen. Ueberdies dürften von den bei denselben vorhandenen richterlichen Beamten, die zum grossen Theile schon lange in der einzelrichterlichen Stellung und ausschliesslich in dieser thätig gewesen, sich nur sehr wenige zu Mitgliedern von Kollegialgerichten eignen.

Wir halten diesen Punkt für den wichtigsten von allen, da er mit der Frage zusammenfällt, ob die Fürstenthümer bei Organisation eigener Landgerichte im Stande sein werden, dem Geiste und dem Zwecke der Reichsjustizgesetze selbst gerecht zu werden. — Die erforderliche Minimalzahl von Richtern wird man zur Zeit ja wohl aufbringen können, ob von der erforderlichen Qualifikation — das mögen Regierungen und Landtage erwägen. Auf Personalien können wir hier nicht eingehen.

Das zahlreichste Personal wird die Strafjustiz erfordern, da die Strafkammern — wir sprechen immer nur von Landgerichten — in der Stärke von 5 Richtern zu entscheiden haben werden; ausserdem werden noch 1—2 Staatsanwälte und ebenso viel Untersuchungsrichter erforderlich sein. Die Richterzahl vermehrt sich um mindestens Einen, da von den beim Beschluss über Eröffnung des Hauptverfahrens betheiligten drei Richtern höchstens zwei zur Hauptverhandlung zugezogen werden können. Rechnet man noch hinzu, dass das Landgericht die Richter für das Schwurgericht regelmässig zu stellen hat, dass von dem Personal bald der Eine bald der Andere zeitweilig dienstunfähig werden wird, so wird sich der Minimalbestand der höheren Stellen auf mindestens 10 Köpfe herausstellen.

Nun wird ja der Geschäftsumfang voraussichtlich nicht so bedeutend sein, dass diese Kräfte ausschliesslich für die Straffjustiz verwendbar wären. Im Gegentheil ergiebt die Statistik, dass denselben ausreichende Musse zur Erledigung der bürgerlichen Rechtsstreitigkeiten verbleiben würde, in denen obendrein die Civilkammern in der Anzahl von nur drei Richtern entscheiden. — Es mag weiter berücksichtigt werden, dass das neue Strafverfahren in verhältnissmässig nur wenig Punkten von der bisherigen Thüringischen Strafprozessordnung abweicht, und in Folge dessen auch weniger befähigten oder älteren Beamten leichter verständlich sein, die Belassung derselben im

Activität gestatten wird. Wir wollen endlich zugeben, dass durch Zurückziehung juristisch gebildeter Beamten aus der Verwaltung und durch Rekrutirung aus dem Anwaltsstande die erforderliche Anzahl von Richtern jetzt zu beschaffen sein wird. Aber bei allen diesen Zugeständnissen — die obendrein nicht überall dem Geiste der Justizgesetze entsprechen dürften — können wir uns nicht verhehlen, dass

1. ein so gebildetes Gericht den Stempel eines Nothzustandes an der Stirn tragen und
2. unhaltbar werden wird, sobald nur ein Paar von den vorhandenen Kräften abgängig werden sollten.

Man wird uns entgegnen, dass Nachwuchs den Abgang ersetzen werde. Leider liegen aber die Dinge so, dass, wie schon oben erwähnt worden, seit Jahren kein Rechtskandidat mehr Lust verspürt hat, in seinem engeren Vaterlande — das gilt namentlich von den Schwarzburgischen Fürstenthümern — in den Justizdienst einzutreten. Die Gründe dieser Fahnenflucht sind drei:

1. ärmliche Gehalte, diese sind neuerdings etwas aufgebessert worden;
2. Verdammung der jungen Juristen zur geisttödtenden Registraturarbeit und Kassenverwaltung bis zu vorgeschrittenem Alter;
3. Zweifel an der Lebensfähigkeit der Kleinstaaten überhaupt.

Die Gründe sub. 1. und 2. können die Regierungen bei gutem Willen bald beseitigen; schwieriger, wenn nicht unmöglich, wird die Hebung des sub. 3. genannten Zweifels werden. Der Glaube an einen etwas früheren etwas späteren unvermeidlichen Uebergang der Landesverwaltung an einen anderen Staat wird durch die gegenwärtigen Zustände immer mehr begründet. Die damit für die Staatsbeamten unvermeidlich verknüpfte nachtheilige Situation steht abschreckend im Hintergrund. Dies und der Wunsch einem grossen, dauernden Staatswesen anzugehören und für dasselbe zu arbeiten, treibt seit Jahren die akademische Jugend ins Ausland, wo sie alsbald ihre Studien, Prüfungen und den Vorbereitungsdienst absolvirt. Dieses Ausland ist aber ausschliesslich:

Preussen.

Welche Dimensionen diese Auswanderung in den letzten Jahren angenommen hat, dafür diene als Beleg, dass die kleinen Fürstenthümer seit langen Jahren nicht mehr durch Anmeldungen zum Staatsexamen behelligt worden sind.

Ein Anschluss an andere Thüringische Kleinstaaten kann diesen Uebelstand nicht beseitigen; diese sind kaum in einer besseren Lage; sogar Weimar soll von seinen jungen Juristen höchstens 5 pCt. festzuhalten vermögen. Ueberdies schreckt auch die Aussichtslosigkeit für die Karrière zurück, welche Letztere für einen Schwarzburger in einer Rathsstelle am Oberlandesgerichte gipfeln würde.

Die Möglichkeit der Hilfe liegt lediglich in dem Anschlusse an Preussen in der oberen Instanz. Verstände sich Preussen dazu, das Wörtchen „kann" in §. 3. Alin. 2. des Gerichtsverfassungsgesetzes im Konventionswege in „soll" umzuwandeln, würde es den diesseitigen Richtern, natürlich ihre Ausbildung nach den neuen und insbesondere den Preussischen Bestimmungen vorausgesetzt, gleiche Stellung mit seinen eigenen zusichern, so dürften die oben sub 3. erwähnten Zweifel und Befürchtungen bedeutend an Gewicht verlieren und Nachwuchs wenigstens möglich erscheinen. Dass die Staatsprüfungen in Preussen stattzufinden haben würden, wäre selbstverständlich.

Auch lokale Rücksichten sprechen für unseren Standpunkt. Wir wissen zwar nicht, ob Preussen den Sitz des zukünftigen Oberlandesgerichtes in Naumburg belassen wird; der Anschluss einzelner Thüringischen Staaten dürfte vielleicht bei der Wahl nicht ohne Einfluss sein. Bejahenden Falles wird Jedermann zugestehen, dass es für die kleineren Staaten vollständig gleichgültig ist, ob das Obergericht nach Jena oder nach Naumburg verlegt wird. Der Universität Jena resp. ihren Nutritoren muss freilich Ersteres als das Wünschenswerthere erscheinen, da man durch Heranziehung von Lehrkräften in Richterstellen den Ersteren finanziell aufzuhelfen, Zuzug zu befördern und die eigenen schwierigen Finanzen zu erleichtern hofft. Zu diesen Nutritoren gehören aber die Fürstenthümer nicht.

Nehmen wir nun den Fall, dass die Fürstenthümer je ein

eigenes Landgericht auf die Dauer nicht sollten halten können, dass in Folge des Anschlusses an ein Preussisches Oberlandesgericht der Anschluss an Preussische Landgerichte erfolgen müsste, sprechen denn da, wenigsten für Sondershausen, nicht auch alle materiellen Interessen für diesen Anschluss?

Seine Unterherrschaft ist fast vollständige Preuss. Enklave, seine Oberherrschaft stösst wenigstens an Preussen. Genau im Mittelpunkte der drei Landesparzellen liegt Erfurt, in nächster Nähe der Unterherrschaft Nordhausen. Beide Städte sind Preussischer Seits als Sitze von Landgerichten in Aussicht genommen. Welcher andere Staat kann Sondershausen Landgerichte in solcher Nähe bieten? Weder Weimar noch Gotha. Nach Erfurt und Nordhausen hat sich bereits der Marktverkehr des Fürstenthums ausschiesslich gewendet, seine Produkte führt es nach dort aus, seine Bedürfnisse, die es von aussen beziehen muss, bezieht es von dort. Dem Erfurter Militairbezirke ist das Fürstenthum bereits einverleibt. Und bei welchem Nachbar sucht man in der Noth Hülfe? Doch wohl **beim nächsten und kräftigsten!** Die Interessen der Bevölkerung weisen mit zwingender Logik nach — **Preussen.**

Man glaubt im Beamtenthume auf Widerspruch zu stossen; zunächst ist diese Rücksicht in keiner Weise maassgebend, in der Wirklichkeit aber eine ernste Gegenströmung nicht vorhanden. Strebsame jüngere Kräfte sind sich wohl bewusst, dass ein Uebergang an Preussen ihnen weitere Bahnen öffnet, als der Anschluss an die Thüringische Gerichtsgemeinschaft, in welcher, wie bereits erwähnt, die Karrière in einer Rathsstelle am Oberlandesgerichte gipfelt. Aeltere Beamten mögen sich damit trösten, dass ihre richterliche Laufbahn so wie so geschlossen ist; will man ihnen ihre Anhänglichkeit und Fahnentreue danken, nun so möge man günstige Pensionsbedingungen vereinbaren.

Fragen wir nun endlich auch nach den Wünschen der Bevölkerung, so können wir bezeugen, dass dieselben zwar zunächst auf Organisirung eines eigenen Landgerichtes gerichtet sind, dass aber im Falle der Unmöglichkeit einer solchen einstimmig der Anschluss an Preussen die Losung ist. —

Nichts als Aeusserungen des Unwillens haben wir gehört,

als verlautete, dass man von einem Landgericht im Lande absehen, sich dem Landgerichte in Gotha anschliessen wolle. In keinem verständigen Kreise würde dieser Plan Zustimmung finden; überall kann man hören:

> „Wenn es nicht möglich ist, ein selbständiges Gericht zu schaffen und zu erhalten, dann Uebergang an Preussen, das allein im Stande ist, dem seit Jahrzehnten hin und her geschleuderten Staatsschiffchen endlich auf die Dauer einen sicheren Hafen zu bieten."

Mögen diese Zeilen namentlich die Landesvertretung von Schw.-Sondershausen zu ernster Erwägung anregen, welche Konsequenzen der Anschluss an ein nicht preussisches Oberlandesgericht mit sich bringen muss. Wiederholt warnen wir: Erfolgt dieser Anschluss, dann werden die Sondershausenschen drei Landparzellen ebenso viel Spielbälle für die anderen Thüringischen **Kleinstaaten** werden und dann wird es zu spät und zu schwierig sein, den Anschluss an **Preussen** zu suchen.

Buchdruckerei von Gustav Schade (Otto Francke) in Berlin.

FSC
www.fsc.org
MIX
Papier | Fördert gute Waldnutzung
FSC® C083411

Kolibri 360 GmbH
Ferdinand-Jühlke-Straße 7
99095 Erfurt, Deutschland
produktsicherheit@kolibri360.de